VAMONOS AL HOSPITAL!

Consejos prácticos desde que te enteras del embarazo hasta que llegas a casa con tu bebé.

Dr. Claudio M. Góngora

Vámonos al hospital!

Vámonos al hospital!

A mis Cosh:

Mita, Nicky y Matty.

Introducción

Una de los temas que causan más interés durante el embarazo es cómo prepararse para el nacimiento del bebé, pero de la óptica no médica. Si bien los médicos recomendamos medidas generales de alimentación y de ejercicio, estamos limitados en las recomendaciones de complementos que ayudan muchísimo a prepararse para ese gran día, en especial lo que corresponde a las 24 horas previas al nacimiento y la llegada al hospital.

La ansiedad del nacimiento de un bebé se ve muy aumentada por los elementos que giran alrededor de este, desde los pendientes administrativos de gastos hospitalarios, trámites de seguros hasta pendientes del hogar como pagos de servicios. Ninguno de estos son más importantes que la llegada del nuevo miembro de la familia, pero todos tienen un peso específico que de dejar sin observación y cuidado pueden distraernos de la gran dicha que es el nacimiento de un bebé.

No pretendo realizar un manual de procedimientos del embarazo porque las indicaciones dadas durante las consultas ginecológicas son por mucho la guía

Vámonos al hospital!

que deberás seguir durante tu embarazo. Sin embargo conforme pasan las semanas muchas son las dudas que surgen y los tiempos en consulta no llegan a ser suficientes para vigilar medicamente el embarazo y dar consejos no médicos.

Es en extremo importante que involucres a cuanta gente puedas en este proceso para no solo sentirte apoyada, sino para que te sientas tranquila que muchas cosas van a estar realizadas sin que tengas que supervisarlas personalmente, puesto que aunque estemos en una época de apoyo de pareja y familia, es muy claro que en el hogar la mujer lleva una carga o más bien un cargo de extrema responsabilidad y tanto el embarazo como los primeros años de vida de un bebé llegan a aumentar las variables en una muy importante proporción.

Después de 14 años siendo ginecólogo, he visto una gran cantidad de mujeres enfrentar como pueden estas exigencias yal día de hoy he visto un común denominador en todas aquellas que se preparan con buenos resultados para el nacimiento de sus bebés: Organización.

Hablar de esta organización no es nada fácil porque podría dar ejemplos que no se apliquen a tu caso específico, por eso trataré de dar una guía básica de lo que me han compartido mis pacientes y que ha funcionado cuando menos en hacer menos ansioso el embarazo.

Todas las recomendaciones que aquí te doy con mucho cariño no pueden sustituir las indicaciones que tu médico te dé durante tus consultas.

Espero sea esta lectura amena y fácil de comprender y que tengas un embarazo y nacimiento increíbles.

Claudio 2018

Vámonos al hospital!

Salió positiva la prueba!

En realidad aquí es donde todo comienza.
Independientemente que estés o no preparada, sea tu
primer o tercer embarazo, el hecho de contar con una
prueba positiva de embarazo aunque sea la del
supermercado es el punto de salida de una organización
de muy números elementos que culminaran cuando
regreses a tu casa con tu bebé en brazos.
Es importante que tengas muy en mente que cualquier
cosa que no realices o que dejes hasta el final va a
costarte mucho en términos de tranquilidad en un
periodo donde mantenerse calma y serena será la
diferencia entre vivir un proceso de forma plena y positiva
a vivirlo con ansiedad y angustia.

Este será el arranque de nuestra aventura y los consejos
que te doy no son necesariamente ni obligatorios ni
progresivos, por lo que tómate siempre un tiempo para
leerlos y priorizarlos.

Stop!

Ya sabes que estás embarazada y este momento debe de
ser una línea súper clara en toda tu vida por lo que de
inmediato deberás:

- Dejar de fumar y beber bebidas alcohólicas

Vámonos al hospital!

- Determinar de forma precisa tu fecha de última menstruación
- Agendar cita con el ginecólogo

Es importante dejar tabaco y cualquier substancia para disminuir las posibilidades de un efecto tóxico sobre el bebé, por lo que hasta un día de consumo puede hacer la diferencia. Por otro lado en lo que visitas a tu doctor es importante que empieces a tomar líquidos a razón de 30 mililitros por kilo de peso. Por ejemplo si pesas 52 kilos deberás multiplicar 52 por 30, dando 1560. O sea 1.56 litros de agua. Más adelante tu médico te indicará como ir aumentando los líquidos.

La fecha de última menstruación es la forma más fácil de determinar el tiempo que llevas de embarazo por lo que deberás tenerla muy clara cuando vayas a tu primera consulta, si no la recuerdas por lo menos trata de determinar si fue a principios, mediados o finales de tal o cual mes. Esto nos ayuda mucho a los ginecólogos, teniendo en cuenta que usualmente una prueba de embarazo se realiza cuando hay más de una semana de retraso en la menstruación y si esperabas tu menstruación para algún día, con una semana de retraso casi podemos suponer que tu última menstruación fue hace 5 semanas.

Esto lleva a la importancia del tercer punto. El Agendar cita con el ginecólogo debe ser de forma inmediata o a la brevedad, puesto que puede ser que tengas entre 4 y 5 semanas de embarazo y en ocasiones la prescripción de algún tratamiento puede ser determinante en el desarrollo de tu bebé.

Vámonos al hospital!

Por favor no caigas en la muy común actitud de empezar a mandar sólo mensajes para ver que estudios necesitas llevar o alguna otra cosa. Acude primero a tu consulta y en esa consulta te diremos que necesitas realizar de estudios o de cambios en el estilo de vida. Te diré algo que constantemente leerás en este libro:

Las consultas no se dan por whatsapp, facebook, twitter, correo electrónico o por teléfono.

La observación directa es súper importante durante el embarazo, en realidad en cualquier padecimiento o condición médica. Sólo usa los mensajes para alguna pregunta o duda rápida y las llamadas para emergencias.

Mi Doctor.

Es a veces difícil encontrar el médico ideal para el control de tu embarazo, porque si es tu primer embarazo al ginecólogo que consultas, siempre lo ves rápido para chequeos generales y ahora te sentirás en otro tipo de consulta. También puede ser que tengas que buscar un nuevo médico por recomendación o por algún resultado fuera de lo esperado en embarazos anteriores.

De cualquier modo lo más importante es que no sólo te sientas en confianza si no que te sientas segura con tu médico. Trata de no bombardearlo con mil preguntas en la primera cita, puesto que lo importante es determinar el estado de tu embarazo. Siempre hay tiempo para ver todas tus inquietudes. Te adelanto que todo lo referente al nacimiento del bebé se platica alrededor de la semana 24.

Vámonos al hospital!

Ya viste que hablé de una semana. Si, los embarazos se miden en semanas, estas semanas se empiezan a contar a partir de tu fecha de última menstruación, que dicho sea de paso es el primer día de tu último periodo.

Recuerda al escoger médico que debe ser una relación muy personal, por lo que mi mejor consejo es que sigas tu corazón. Desafortunadamente a los médicos nos juzgan por los resultados de sólo un procedimiento, por lo que si alguien te dice que tal médico hizo muy bien su cesárea y otra persona dice que atendió mal un parto en ningún momento debe determinar tu decisión.

En realidad toma en cuenta que cualquier embarazo o caso médico se puede complicar en cualquier momento hasta en un 10%, independientemente de quién sea tu doctor, en que hospital estés o en que parte del mundo sea.

Toma también en cuenta los honorarios de la consulta de tu doctor, puesto que en base a esto más adelante se calcula lo que cobrará por el nacimiento de tu bebé.

Consultas.

Ármate de paciencia. Una consulta de embarazo dura entre 45 minutos y una hora, por lo que de ahora en adelante deberás coordinar tus tiempos para acudir a consulta. Una revisión de embarazo no es como una ida al dentista, por lo que trata de acudir a tiempo y de no faltar. Muchas veces en el mismo día los ginecólogos vemos varias pacientes embarazadas por lo que agradecemos mucho que no lleguen tarde para no

Vámonos al hospital!

retrasar la consulta y tomar en tu consulta tiempo de la
de alguien más.

Por otro lado, aunque los ginecólogos usualmente somos
vistos como otro tipo de médicos porque intervenimos
con muchas personas en ocasiones principalmente felices,
debemos tener un orden en nuestra consulta para
proporcionarte una atención médica de calidad, por lo
que sólo en el embarazo tomamos como normal que
entres acompañada a tu consulta y en especial del papá
del bebé para que puedan compartir esos momentos
juntos. Ningún ginecólogo te dirá que no, pero en realidad
no nos es cómodo pasar a las mamás, tías, suegras,
amigas y demás a la consulta. Sobre todo porque
debemos interrogar y recomendar cosas que
corresponden a tu intimidad. Tómalo en cuenta por favor.

También toma en cuenta que aunque nos encantan los
bebés y los niños y aún más aquellos que ayudamos a
nacer, si vienes acompañada será mejor que te esperen
en la sala de espera, puesto que durante tu consulta
damos muchas recomendaciones que no siempre
anotamos en la receta y tanto tu como tu doctor se
pueden distraer.

Aunque no te lo diga tu doctor, ve organizando en tu
mente que las consultas de revisión de embarazo se
realizarán así:

- Consulta inicial al tener prueba positiva.
- Consulta con resultados de laboratorio e imagen
- Cada 4 semanas hasta la semana 28
- Cada 2 semanas hasta la semana 36
- Cada semana hasta el nacimiento de tu bebé

Vámonos al hospital!

Semanas y Trimestres

Durante todo el embarazo verás que se habla de semanas y trimestres. Esto es importante que lo sepas porque así medimos los parámetros de desarrollo y de evaluación. Ya te comenté que las semanas se cuentan a partir del primer día de tu última menstruación, pues bien, los trimestres no son del todo exactos pero toma como generalidad:

Primer trimestre: Hasta la Semana 12

Segundo trimestre: Hasta la semana 26/28

Tercer Trimestre: Semana 26/28 al nacimiento

Esto será importante porque cada consulta revisará distintas cosas según las semanas y los trimestres.

Estudios

Estos los determinará tu médico según tus antecedentes, por favor no te adelantes tomando estudios que no te hayan indicado aunque te los recomiende tu mejor amiga. Tu abordaje siempre es personalizado y puede acabar pagando estudios que no necesitas y olvidando otros muy necesarios.

En estos momentos usualmente unos sencillos estudios de sangre y un ultrasonido son suficientes.

Vámonos al hospital!

Dando la noticia

Fuera de toda superstición o tradición, mi más grande recomendación es que sigas tu corazón respecto a compartir esta noticia. Es cierto que muchas cosas pueden suceder durante un embarazo, pero así es toda la vida. Lo que sí es muy cauto es esperar cuando menos a tu primera consulta para poder confirmar tu embarazo, determinar las semanas y sobre todo establecer una fecha probable de parto.

Fecha Probable de Parto

Aunque la abuelitas nos han dicho que los embarazos duran nueve meses, verás que con esto de semanas y trimestres no es tan fácil determinar cuándo va a nacer tu bebé. Por eso te explico más o menos que un embarazo dura en el 80% de los casos 280 días, o sea nueve meses o 40 semanas y donde todos se confunden es en que 40 semanas no son nueve meses, por la sencilla razón que desde hace cientos de años se calculan meses lunares de 28 días. Por lo que no te angusties en las fechas. Más adelante te diré que semanas son más importantes por lo que sucede en ellas.

Por lo pronto te digo que la fecha probable de parto tiene una "exactitud "de 15 días y se saca contando cuarenta semanas a partir del primer día de tu última menstruación +/- 15 días.

Ejemplo:

Fecha de última menstruación: lunes 5 de marzo

Cuarenta semanas: lunes 10 de diciembre

Vámonos al hospital!

Fecha Probable de parto: 10 de diciembre +/- 15 días o sea desde el 26 de noviembre hasta el 24 de diciembre

Esto es algo confuso debido a que son muchas las variables que determinan a un bebé nacer a cierta fecha. No debes de preocuparte por esto pero si es necesario que hables con tu doctor para que te explique bien la situación específica que guarde tu embarazo en las consultas.

Estilo de Vida

En el primer trimestre el estilo de vida se mantiene prácticamente igual, excepto por el cese de alcohol, tabaco y drogas. También será importante que ante cualquier cambio lo comuniques a tu médico, ya sea diarrea, gripas, viajes, etc. Tu dentista u otros médicos que consultes deben saber lo de tu embarazo y deberás estar atenta en aeropuertos u otros lugares donde se usen rayos x para que lo comentes.

El ejercicio siempre será bien recibido independientemente de la intensidad con lo que realices.

La alimentación puede ser la misma que has llevado siempre, pero ante datos de nauseas, mareos u otros síntomas modera alimentos que te desencadenen cualquier tipo de malestar. Las dietas altas en proteínas, con muchas verduras siempre son excelentes. Más adelante te comparto la dieta que recomiendo durante el embarazo. No olvides los 30 mililitros de agua por kilo de peso.

Lo único que si contraindico en el embarazo son dietas cetogénicas y ayunos. Después de tu primera consulta te

Vámonos al hospital!

daremos suplementos vitamínicos que deberás tomar de forma estricta como se te prescriban.

El café y el refresco de cola si los puedes consumir pero máximo un vaso de 200ml al día.

La vida sexual no debe de tener ningún cambio durante todo el embarazo a menos que tu ginecólogo te lo restrinja, sólo debes mantenerte alerta a cualquier sangrado o dolor que aparezca.

Tratamientos faciales y pelo

En general el tratamiento de piel cualquiera que sea lo podrás realizar sin problema, lo que si vale la pena evitar son las tinturas de pelo, pues aunque no se ha demostrado que afecten al bebé, tampoco se ha demostrado lo contrario. Espera al segundo trimestre para cualquier tratamiento de pelo.

Signos de Alarma y Hospital para emergencias.

Uno de los más importantes temas de preocupación para las parejas embarazadas y que hacer en caso de emergencia y aunque pareciera que es muy fácil actuar ahora que todo se hace por teléfono o mensaje, debes determinar algún hospital donde acudir en caso de emergencia aunque no sea este el hospital donde vaya a nacer tu bebé. Mi consejo en este aspecto es que sea el hospital que quede más cerca de tu casa.

Vámonos al hospital!

Si bien ya te comenté que las consultas se dan en el consultorio y no por mensajería ni por teléfono, ante una urgencia real llama sin pena a tu médico a cualquier hora hasta que te conteste y en caso de no recibir contestación puesto que no siempre puede estar el teléfono disponible acude a tu hospital para emergencias inmediatamente. Durante el embarazo el tiempo cuenta y cuenta mucho y es mejor acudir a de más que de menos a un servicio de urgencias.

Los signos de alarma en el primer trimestre son:

- Sangrado transvaginal
- Dolor pélvico
- Cualquier dato que te angustie

El último es muy importante, debido a que si tú sientes cualquier cosa que te haga pensar que algo no esté bien debes contactar a tu médico inmediatamente y si no lo encuentras acudir al servicio de urgencias de tu hospital más cercano. Conforme avanza el embarazo, más signos de alarma se agregan.

Cambios en Casa y Cosas del Bebé

En el primer trimestre no te recomiendo hacer ningún cambio en tu hogar ni comprar nada para el bebé. Calcula más o menos empezar con esto en la semana 20.

Hospital para atenderte y tipo de nacimiento.

En realidad no es para nada el momento de escoger hospital o de empezar a ver si es parto o cesárea.

Vámonos al hospital!

Tampoco de hablar de psico profilácticos o de otro tipo de cursos. Ya habrá tiempo de tomarlos. Usualmente alrededor de la semana 20 deberás tomar algún curso prenatal. Lo que si puedes ir haciendo es una lista de los probables hospitales para que más adelante se los propongas a tu médico y traten de empatar con los que él o ella te propongan. También compra libros o métete a internet. Por lo menos a mí me parece una muy buena herramienta, sólo recuerda que tu médico es el que traduce todo lo que leerás y tiene experiencia en los embarazos, además que no todo lo que se lee ni es verdad ni se aplica a ti.

La vía de nacimiento siempre, siempre, siempre será por parto a menos que haya alguna condición particular que amerite otra opción, estas van desde las absolutas como imposibilidad de parto por condiciones médicas hasta tu propia preferencia. Recuerda durante todo tu embarazo que las cosas pueden cambiar de un momento a otro. Sólo toma en cuenta esto.

Segundo Trimestre. Semanas 12 a 26/28

El segundo trimestre en mi experiencia es cuando el embarazo deja de dar cambios hormonales muy súbitos, por lo que de manera general te sentirás mucho mejor, pero también es un trimestre donde hay cambios importantes y donde serán necesarias más revisiones y estudios de laboratorio e imagen. También es momento de ir organizando lo económico para que al final no les ganen las carreras.

Visitas Médicas

Todavía durante este periodo serán cada 4 semanas. Recuerda que las visitas están limitadas a un tiempo por lo que es muy recomendable que lleves tus dudas escritas para discutirlas. Aunque en todas las revisiones hay chequeo de peso, presión arterial y ultrasonido toma en cuenta que habrá más estudios externos. Trata de no faltar a tus consultas y de llegar puntualmente, hay muchos puntos importantes que cubrir y aunque te sientas magnífico las revisiones son muy importantes. Te repito que las consultas son en el consultorio y no por teléfono o mensaje. Hay cambios a veces muy sutiles que pueden indicar algo muy grave. No te arriesgues.

Estudios de laboratorio e imagen

Es importante seguir las recomendaciones de tu médico al pie de la letra, si bien hay lineamientos internacionales para enviar estudios, cada médico según su preparación y

Vámonos al hospital!

según sea el caso enviará estudios complementarios. La mayoría de los médicos sólo enviamos los estudios que creemos necesarios para una correcta valoración. Será tu responsabilidad acudir a realizarlos en el sitio que más se acomode a tus posibilidades. Hay estudios más costosos que otros pero en una valoración médica los médicos proponemos lo necesario. Evita al máximo negociar los estudios que te mande tu médico debido al costo. Si son necesarios hay que realizarlos.

Los estudios de forma general durante el embarazo se envían algunos cada 4 semanas y otros cada 8 semanas. Sin embargo algunos estudios especiales tienen semanas específicas para realizarse, por ejemplo:

Detección de DNA Fetal en sangre materna: Semana 11

Marcadores de Pre eclampsia: Semana 11 y semana 24

Detección de Diabetes Gestacional: Semana 28

Ultrasonido estructural: Semana 22

Hospital para tu atención

Alrededor de la semana 20 ya es necesario que se hablen las opciones de hospitales para el nacimiento de tu bebé. Recuerda que no necesariamente será el que escojas para acudir a alguna revisión de urgencia. Ten en cuenta que el objetivo primordial es que tengas un bebé sano, por medio de un nacimiento seguro y que estés en la plena confianza que estarás en manos profesionales que tienen todo lo necesario ante una eventualidad. Por eso ten opciones a la mano para presentarlas a tu doctor y escucha con atención y con mente abierta sus propuestas. Los médicos proponemos hospitales que conocemos bien, en donde nos conocen y dentro de los cuales nos sentimos seguros de proporcionar nuestra atención para esperar los mejores resultados posibles. No siempre el hospital más caro es el mejor, es cierto, pero platica los pros y los contras de los hospitales. A la larga es mejor seguir las indicaciones del médico al que le tienes confianza que tratar de forzar a un médico a atenderte en un hospital donde no se siente cómodo y esperar los mismos resultados.

El hospital prácticamente debe estar escogido para la semana 24 y en esta semana es muy recomendable que vayas a visitarlo. Puedes solicitar en la mayoría una visita guiada donde te mostrarán desde el estacionamiento hasta la sala de parto y los cuartos. Pregunta en el hospital todo lo que puedas y si es posible empieza a hacer pagos adelantados para tu atención. Consejo: siempre paga de forma inicial nacimiento por parto.

Un punto a considerar del hospital desde este trimestre es que los gastos hospitalarios no tienen nada que ver con los honorarios médicos, por lo que organizarte desde ahorita te ahorrará dolores de cabeza posteriormente. Si es que tienes seguro de gastos médicos también es necesario que platiques con tu aseguradora si el hospital está dentro del convenio.

Lo que los médicos consideramos más que nada en proponer un hospital es:

- La cercanía. Es importante que está cerca de nuestro consultorio. Recuerda que tú sólo acudirás el día de tu atención y hasta que egreses a tu casa harás el recorrido. Los médicos debemos estar cerca para acudir rápidamente en caso de complicaciones y te iremos a visitar cuando menos 2 veces al día mientras estés internada.

- Calidad de personal médico y de enfermería. Tu médico no puede estar todo el día en el hospital y depende de otro equipo para que estés siempre vigilada y bien atendida. Por lo que un equipo conocido es invaluable para nosotros. Entre más experiencia tiene un ginecólogo mejor sabe cómo trabajan en tal o cual hospital, tan solo por el número de pacientes que llegamos a atender. La opinión aislada de alguien no es buen indicador.
- Calidad de Quirófano y área de terapia intensiva de adultos y neonatal. Aún con los mejores cuidados cualquier nacimiento se puede complicar mucho. El tener un respaldo tecnológico da mucha tranquilidad.
- Habitaciones y áreas comunes. Este punto si se toma en cuenta pero está muy por debajo de los anteriores. Es muy importante que tú te sientas cómoda y segura, y entendemos que el cuarto y las instalaciones son importantes para ti, sólo considera los primeros puntos también.

Por mi situación geográfica y los puntos anteriores mis recomendaciones hospitalarias son:

1. Centro Médico ABC campus Santa Fé
2. Hospital Ángeles Lomas
3. Hospital Español

Hay que estar consciente que todo en un hospital tiene un costo, por lo que revisa con tiempo tu capacidad económica y tu cobertura en tu seguro de gastos médicos.

Vámonos al hospital!

Honorarios Médicos

Este punto no debes de posponerlo más allá de la semana 20. Es necesario pedirle a tu médico que te de los honorarios médicos por escrito para que no haya confusión más adelante. Toma muy en cuenta que los honorarios médicos dependen de muchísimas cosas, desde la preparación profesional del médico, zona geográfica, experiencia, reputación y renombre entre otras, y si bien para este momento ya hay confianza absoluta en la relación médico paciente tendrás que tener presente en todo momento que los honorarios médicos no son negociables. Si la cantidad que tu médico te propone no está acorde con tu presupuesto lo mejor es llamar al consultorio e indicarle a la asistente que no será posible cubrir estos honorarios y que buscarás otro médico. Sin más ni menos. Todos los médicos comprenderemos esta situación y agradecemos mucho que nos lo hagan saber. Por favor no te esperes a después de que nazca tu bebé para pedir descuentos o rebajas, recuerda que a nivel de necesidades económicas los médicos y el resto de la población estamos del mismo lado.

Pide todas las opciones de pago posibles y las fechas de pago. Por ejemplo hay médicos que te pedirán sus honorarios un día antes del nacimiento, otros inmediatamente después, pero lo general es que estén cubiertos un día antes que abandones el hospital.

Por otro lado si tienes seguro de gastos médicos coméntalo a tu médico, porque aunque las aseguradores afirmen que cubrirán todos los gastos usualmente no lo hacen y donde hay más problema es en los honorarios

Vámonos al hospital!

médicos. Los honorarios cuando hay aseguradora se pueden pagar:

Por reembolso: Tú pagas todos los honorarios y la factura se la das a tu aseguradora para que te reembolse una cantidad

Mixta: La aseguradora te da una cantidad para lo honorarios médicos, misma que el médico cobrará directamente a la aseguradora y de haber diferencia de honorarios, esta la deberás pagar tu directamente al médico.

Pago por carta: Si el médico acepta el tabulador de la aseguradora o si los honorarios propuestos son cubiertos por el seguro el médico meterá a cobro esta carta directamente.

Muchos médicos no tienen convenio con aseguradora por lo que no tienen por qué ajustarse a un tabulador. Platícalo muy bien con tu médico.

Los honorarios médicos usualmente son calculados de la siguiente manera:

Medico tratante:

- Parto o cesárea se cobran igual
- Solo en gemelos se cobrará un 50% más.
- La cantidad va de 25 a 35 veces el valor de la consulta.
- Por ejemplo: Si la consulta es de $1000 pesos, los honorarios pueden ir de $25,000 a $35,000.

Ayudante:

Vámonos al hospital!

- Ya sea en parto o en cesárea los ginecólogos nos asistimos de otro médico también ginecólogo.
- También hay que considerar siempre sus honorarios y estos son aparte de los de tu médico tratante.
- Por lo general se calcula el 20% de los honorarios del médico tratante.
- Por ejemplo: Tu médico te cobrará $10,000 de honorarios, por lo que los honorarios del ayudante serán $2,000.

Anestesiólogo:

- Considéralo ya sea en parto o en cesárea. Aunque vayas a tener un parto sin anestesia tenlo en mente en tu presupuesto. Es mejor tener dinero extra si no fue necesario a sufrir por sus honorarios después.
- Se calcula el 30% de los honorarios del médico tratante.
- Siguiendo el ejemplo anterior si los honorarios del médico tratante son $10,000 el anestesiólogo cobrará $3,000

Estos tres médicos son lo que usualmente se llama "Equipo" o "Team" y el pago de estos honorarios se hacen al líder del equipo que es el médico tratante. En algunos casos y por situaciones fiscales el pago al anestesiólogo se hace directamente a él o ella para que te extienda su debida factura.

Pediatra:

- Recuerda que una vez naciendo tu bebé, él o ella son otro paciente y como tal tendrá a su médico aparte que es el pediatra.

Vámonos al hospital!

- El pediatra que recibe a tu bebé no necesariamente será el que continúe su control posterior, por lo que generalmente para el nacimiento de tu bebé se prefiere un pediatra súper especializado que se llama neonatólogo
- Casi siempre tu ginecólogo te recomendará al neonatólogo y lo contactará para coordinar el nacimiento de tu bebé.
- Los honorarios del pediatra los fija directamente el o ella y el pago es directamente con el o ella.
- Como cálculo aproximado los pediatras cobran cerca del 30% o 35% de los honorarios del médico ginecólogo, sin embargo esto puede cambiar si tu bebé amerite algún tratamiento complementario.

Estilo de Vida

Este trimestre es por lo general muy balanceado, pero siempre deberás comentar cualquier cambio con tu médico.

- Tratamientos corporales y de pelo los puedes realizar con confianza, las tinturas de pelo vegetales son completamente seguras por lo que a la hora de escoger estas deben de ser tu opción.
- La depilación laser también puede ser realizada sin problema.
- No recomiendo dietas de forma generalizada, sin embargo más adelante encontrarás la dieta recomendada.
- El ejercicio no debe interrumpirse durante el embarazo, pero sí cambiar la intensidad, por lo

Vámonos al hospital!

que todas las rutinas deben de ajustarse a tu edad gestacional, peso y comodidad.

- Ningún deporte de contacto debe ser realizado a partir de las 12 semanas de embarazo.

Ropa de Maternidad

La ropa de maternidad se empieza a usar usualmente a partir de la semana 20. Pero todo depende de tu comodidad, por lo que más que nada deberás guiarte por esta.

Te recomiendo ir viendo ropa de maternidad alrededor de la semana 16 para que llegado el momento puedas empezar a usarlas inmediatamente y acorde a la estación.

También toma en cuenta que la respuesta inflamatoria e inmunológica del embarazo es muy fluctuante por lo que compra detergente hipo alergénico para toda tu ropa durante el embarazo.

Cremas

A partir de la semana 20 es muy importante que inicies la aplicación de cremas anti estrías y aunque muchos dermatólogos insisten en que el factor determinante es la genética, en mi experiencia la aplicación temprana y frecuente si ayuda muchísimo.

Encontrarás muchos tipos de cremas, pero la única que hace diferencia es aquella que trae Karité, fuera de este ingrediente todas son más o menos iguales. Lo importante es que la apliques en todo el cuerpo con especial atención en las mamas, abdomen, cadera,

Vámonos al hospital!

muslos y nalgas de 4 a 6 veces al día. Si leíste bien, de 4 a 6 veces al día.

La última aplicación del día me gusta recomendar que en el abdomen te la ponga el futuro papá en lo que le habla al bebé, para iniciar contacto directo contigo y con tu nene o nena.

Ropa de Bebé

Una vez que anuncies tu embarazo te empezarán a regalar mil y un cosas, pero la ropita del bebé es enteramente tu responsabilidad. En cualquier portal de internet o revista encontrarás las listas recomendadas, mi punto aquí es que empieces tus compras con suficiente antelación y el segundo trimestre es este momento. La semana 24 es ideal para empezar compras.

Información externa

Es innegable que otra mamá es mejor fuente de recomendación que tu ginecólogo y por lo menos la mayoría está consciente de esto. En mi particular caso recomiendo que a partir de la semana 12 te hagas de libros y revistas referente al embarazo. Te va a ayudar muchísimo. Recuerda que toda información es sólo una recomendación que deberás ajustar a tus necesidades.

Por mi parte pienso que cualquier información es buena, sólo en el caso de información médica ten en cuenta que dependerá de cada caso y antes de tomar cualquier cosa como cierta o falsa platícalo con tu doctor.

Vámonos al hospital!

Cambios en la casa

Al igual que la ropa del bebé, toda la información la puedes consultar en libros, revistas o en internet. Yo recomiendo que a partir de la semana 20 empieces con tus listas de mejoras y que cualquier trabajo que represente uso de pinturas y que deje polvo lo realicen mientras tú no estés en casa y que queden concluidas por lo menos 2 semanas antes de la llegada del bebé para eliminar olores y asegurar la limpieza.

El mobiliario tanto de casa como accesorios del auto es mejor comprarlos en el tercer trimestre.

Vida Sexual

La vida sexual durante el embarazo está rodeada de mucha ignorancia y mala información. Sólo si tu médico la contraindica será absolutamente necesario evitarla, sin embargo se va a relacionar con tú comodidad más que nada. Es muy distinta la forma en que se modifica la cuestión sexual en cada mujer, por lo que será necesario que estés en comunicación constante con tu pareja para ir modificando su vida íntima según se requiera.

No todos los hombres tienen la misma actitud y entendimiento, por lo que si es muy importante que si hay dudas en este tema lo invites a pasar a la consulta médica contigo y juntos escuchen la opinión de tu médico.

Vámonos al hospital!

Nacimiento de tu bebé

Este punto constantemente se va a tratar en las consultas. Si bien ya te mencioné que siempre se buscará un parto vaginal, verás que hay muchas vertientes con los tipos de partos.

También toma en cuenta que hay un plan inicial que puede cambiar con frecuencia y en el último momento debido a condiciones tanto de tu bebé como tuyas y si se presenta alguna complicación o urgencia. Es importante que estás informada y aunque empezarás a oír mil opiniones mis recomendaciones en este momento son:

- Toma un curso de educación perinatal.
- Ten una preferencia, no una postura.
- Sigue las recomendaciones de tu médico
- Ten la mente abierta a los cambios

Más adelante te hablaré más de esto.

Facilitadores

Escribí un libro sobre el nacimiento en donde manejo el concepto de facilitadores de nacimiento. Estos son todos los personajes que te van a ayudar durante tu embarazo. Es a partir de la semana 12 donde debes ir armando el equipo que te ayudará y será necesaria que planees en qué y cómo te ayudarán.

Dentro de este equipo está la instructora del curso perinatal. Este curso es muy importante que lo tomes aunque ya tengas cesárea programada o aunque no vayas a hacer un parto psico profiláctico. Lo que quiero decir es que estos cursos te dan una visión muy amplia de tu embarazo y del nacimiento de tu bebé y que además puedes compartir con el futuro papá. Nuevamente son recomendaciones por lo que te sugiero que si el curso que tomas se enfoca a inculcar la desconfianza médica o a asegurarte que ningún nacimiento se complica, cambia de curso. En general los ginecólogos que nos enfocamos a atender partos humanizados tenemos muchas opciones de cursos e instructoras. En mi caso yo trabajo con un súper equipo.

Igualmente recuerda que nada está escrito en piedra y que puedes modificar cualquier decisión que tengas conforme avance tu embarazo.

Vámonos al hospital!

Tercer trimestre: (26 a 36 semanas)

Este trimestre lo limito a términos no médicos entre estas semanas, puesto que a partir de la semana 36 lo comento aparte como una fase pre nacimiento. Es más muchas culturas a partir de la semana 36 ven una división importante en el desarrollo del embarazo, tanto que se le llama "entrar al mes".

En el tercer trimestre volverán muchos síntomas y se debe hacer una aproximación nuevamente delicada de muchos temas. Por lo que te sugiero como te lo he venido diciendo que estés en contacto muy estrecho con tu médico. Mientras estás embarazada cualquier cosa puede ser una urgencia. Sólo recuerda que una vez que nazca tu bebé y dejes el periodo de puerperio no es válido considerar cualquier duda que tengas como urgencia y que las consultas las debes llevar en el consultorio y no por teléfono o redes sociales.

Si has mantenido supervisión médica estrecha tu médico te dirá como está progresando tu bebé. Sin embargo en estas semanas el bebé va aumentando considerablemente rápido de tamaño y de peso y tú también, por lo que será necesario hacer varias restricciones.

Nuevamente te recuerdo que te acerques a tu médico y a tu equipo de facilitadores y sigas buscando información.

Vámonos al hospital!

Visitas Médicas

A partir de la semana 28 de forma habitual serán cada 2 semanas hasta la semana 34 o 36 según indicaciones de tu médico. Igualmente podrán ser modificadas en la eventualidad de situaciones médicas o de calendario.

Recuerda que muchos síntomas o consideraciones han sido los mismos durante todo el embarazo y será necesario que tengas muy a la mano signos o síntomas que hayan aparecido para comentárselos a tu médico.

Estas visitas son en extremo importantes porque conforme más te acerques al final los cambios pueden ser más dinámicos, más intensos y de mayor trascendencia.

Como te lo mencioné antes es importante que vengas acompañada con tu esposo, porque como pareja no sólo el tiene muchas dudas también, sino que hay síntomas que a veces uno como paciente no nota y tu pareja sí.

Punto muy importante: Conserva todas tus recetas, aunque muchas cosas están escritas en el expediente no lo tenemos siempre a la mano y marcarnos o escribirnos para que te recordemos tu tratamiento además de que nos pone en aprietos, puede tener alguna consecuencia importante en tu salud.

Estudios de Laboratorio e Imagen

En cada consulta te iremos solicitando ciertos estudios. Lo más importante de estos es que te quede claro cuando hay que realizarlos. A veces necesitamos los ginecólogos que los hagas el mismo día de la consulta y otras veces que los realices lo más cercano a tu próxima consulta.

Vámonos al hospital!

Como te lo escribí en el punto anterior cuida mucho tus recetas puesto que muchos estudios no te los realizarán si no traes la receta. Por lo mismo no hay punto que quieras llamar a tu médico desde el laboratorio para que te recuerde que estudio hay que hacer o que hable con el personal del laboratorio para que te los realicen. Si pierdes tus recetas tendrás que volver al consultorio.

En este trimestre además de los estudios usuales se envían ultrasonidos para la conformación de tu bebé y estudios de detección de pre eclampsia y diabetes gestacional entre otros.

Si bien no es garantía que lo caro, cuida mucho que el laboratorio que escojas sea reconocido y certificado.

Estilo de Vida

Este trimestre te dará una sacudida hormonal nuevamente para permitir el crecimiento de tu bebé sobre todo en el peso, por lo que deberás considerar los puntos más importantes como siguen:

- Ropa: Ya te comenté que la ropa es básica para que te sientas suelta y cómoda pero lo principal será que te hagas de unos 3 pares de zapatos de piso que sean muy, pero muy cómodos. Cercano a las 30 semanas te darás cuenta que habrá algo de hinchazón en tus pies sobre todo al final del día. Por otro lado conforme tu abdomen crece tus puntos de sustentación y referencia cambiarán por lo que puedes ser muy susceptible a las caídas. Toma tu tiempo para escoger tus zapatos y si tienes un evento social importante no te arriesgues con zapatos de tacón alto. Medio tacón de puente deberá ser lo máximo que utilices.

- Dieta: Por el mismo tamaño que tu bebé empieza a tener es necesario que limites la cantidad de grasas, picantes e irritantes. Deberás hidratarte mínimo 35ml de agua por kilo de peso y evita al máximo comer inmediatamente antes de acostarte. Porque tu bebé tiene más requerimientos energéticos trata de hacer comidas cada 4 o 5 horas excepto durante el sueño y seguramente los dos se sentirán muy bien.
- Los tratamientos faciales y dermatológicos incluidas las depilaciones usualmente no presentan ninguna contraindicación sin embargo consúltalo con tu médico.
- El sol si te puede llegar a manchar por tus cambios hormonales pr lo que una pantalla o protector solar son altamente recomendados.
- El ejercicio lo puedes realizar sin problema sólo considera que los esfuerzos de cargar peso no son recomendables y ten cuidado con el equilibrio cuando te desplaces.

Vida Sexual

Igualmente como en los trimestres anteriores la vida sexual se limitará a tu comodidad. Si tu médico no te contraindica la actividad sexual la puedes ejercer con toda libertad y por regla general ni afectará al bebé ni desencadenará el parto. Siéntanse tranquilos de las relaciones sexuales y sólo hay que estar pendientes de la presencia de sangrado posterior a ellas.

Vámonos al hospital!

Como recomendación vacía siempre en su totalidad la vejiga antes de la relaciones para que no tengas molestias urinarias posteriores.

Con respecto a las posiciones sexuales, escucha a tu cuerpo. Si te sientes cómoda por lo general es seguro.

Viajes

Los viajes son un tema que varía mucho porque dependen de cómo te encontremos en las revisiones y cual sea el destino, duración y medio de transporte empleado.

Por regla general los viajes en auto se pueden realizar sin limitación, solo tomando en cuenta que por lo menos cada 2 horas hay que estirar las piernas, movilizarse e hidratarse. Los viajes usualmente a climas calurosos o cercanos al nivel del mal favorecen mucho la hinchazón del cuerpo por lo que debes de tomarlo en cuenta.

Los viajes en avión usualmente no se recomiendan después de la semana 32 y se contraindican a partir de la semana 36. No necesariamente por que haya posibilidades de que nazca el bebé en el aire, sino por el riego de trombosis venosa que usualmente es muy peligrosa. También la presión en algunos casos llega a romper la bolsa de líquido amniótico.

Antes de la semana 32 puedes viajar con relativa seguridad y le llamo relativa porque ninguna etapa del embarazo es considerada como libre de riesgos. Esto hace importante que uses medias de tensión media durante todo el viaje y que te movilices en el avión cada hora aunque sea 5 minutos.

Vámonos al hospital!

Si bien la cantidad de radiación X para causar algún problema fetal debe ser altísima, conviene informar siempre de tu estado en el aeropuerto y aunque te sientas muy bien y ágil, solicita apoyo de silla de ruedas para desplazarte.

Facilitadores

Es de vital importancia tener a tu equipo. Si bien ya debes tener firme a tu médico y a tu hospital. Determina las actividades que delegas y a quién se las delegas. Si tomaste curso prenatal y vas a solicitar que tu instructora o Doula te acompañe deberás estar en contacto con ella para que te tenga en mente.

Conducir tu automóvil

De forma estricta el embarazo no contraindica manejar, pero toma en cuenta que conforme tu abdomen crece el mismo cinturón de seguridad lo presionará directamente hacia tu bebé y en evento de alguna colisión por pequeña que sea puedes tener alguna lesión directa a tu bebé.

Nuevamente. Aunque no esté contraindicado yo recomiendo como regla general no manejar a partir de la semana 34 o 35.

Vía de Nacimiento

Partiendo del entendido que el médico te ha revisado y te ha actualizado el estado general del embarazo. Para la semana 34 casi ya está definida la actitud a seguir para el

Vámonos al hospital!

nacimiento de tu bebé. Recuerda que los nacimientos son personalizados y puede haber cambios de último momento desde condiciones médicas hasta que tu elijas el cambio. Lo que quiero decir es que nada está ni debe estar escrito en piedra.

Lo que si debe ser obligatorio es que ante cualquier determinación de conducta haya una explicación y justificación y que estés muy consciente tanto de riesgos y beneficios como de alternativas.

También debes de hablar con tu médico para los permisos de entrada al nacimiento. Usualmente todos los hospitales privados permiten a una persona a presenciar el nacimiento siempre y cuando lleve un permiso firmado del médico que por lo menos yo se los doy en una receta.

También las Doulas necesitan permisos de entrada e igualmente lo solicitamos también los ginecólogos, pero este permiso debe ser autorizado en el hospital y desgraciadamente ellos tienen la última palabra.

Artículos de Bebé

Para la semana 34 debes de tener casi el 100% de tu lista comprado y lavado. Más adelante encontrarás ejemplo de listas.

Igualmente tanto muebles como accesorios del auto también deben estar listos puesto que alrededor de la semana 36 debe estar todo perfectamente organizado solo esperando el momento de ir al hospital.

Vámonos al hospital!

Documentos y Trámites

Por salud mental es importante que te enfoques en el paso tan trascendente que vas a dar en ser mamá y lograr una organización es vital para no tener elementos distractores que demeriten el nacimiento de tu bebé.

Para la semana 34 debes tener todos los documentos separados, estos usualmente son:

- Identificación oficial tuya y de tu esposo o acompañante
- Estudios de laboratorio e imagen recientes impresos
- Credencial, informe o carta de tu aseguradora en caso de tenerla
- Tarjetas, chequera o efectivo
- Permisos para el hospital de acompañantes
- Kit de toma de sangre de cordón en caso de solicitarlo

Además los trámites del hogar deben estar separados por fecha de corte y fecha de pago para que al regresar a casa con tu bebé no te lleves una desagradable sorpresa. Estos deben ser delegados a tu facilitador para la semana 34. O sea deben en casa separar pagos de agua, luz, teléfonos, etcétera, para que todo quede liquidado y en servicio durante tu estancia en el hospital y cuando menos los primeros 10 días en casa.

Signos de Alarma

- Sangrado
- Salida de Líquido vaginal

Vámonos al hospital!

- Disminución de movimientos del bebé
- Contracciones
- Datos de aumento de presión arterial como dolor de cabeza, zumbido de oídos, ver lucecitas.
- Dolor intenso en la boca del estómago
- Hinchazón intenso y de aparición súbita

Estos ameritan una llamada urgente a tu médico sin importar la hora y si no obtienes respuesta sal al hospital sin dudarlo.

Vámonos al hospital!

Semana 36 al Nacimiento. La etapa de las grandes emociones!

Me ha gustado siempre referirme a esta etapa así porque los sentimientos están a flor de piel de todos los participantes de este evento.

La semana 36 es importante porque marca la entrada de preparación para recibir a tu bebé y si has seguido mis recomendaciones anteriores todo debe estar en su mayoría organizado.

Independientemente si va a ser parto o ya tienes fecha de programación de cesárea considera que hay que estar lista pues en cualquier momento deberás salir al hospital.

Visitas médicas

Desde la semana 34 estarás visitando a tu médico de forma semanal y es el momento de aclarar todas las dudas que tengas.

El objetivo de las revisiones en determinar es estado del embarazo pero sobre todo darnos una idea de cuánto falta para el nacimiento y detectar posibles complicaciones.

En estas visitas ya debe de estar acordado todo lo referente a honorarios, hospitales y demás detalles.

Yo les recomiendo a mis pacientes que a partir de la semana 36 no envíen ningún mensaje y que todo se haga directamente por teléfono, puesto que a partir de la semana 36 todo es una urgencia.

Vámonos al hospital!

Logística

Para la semana 36 como te lo he mencionado ya debe
estar todo listo y se deben de afianzar los detalles del
evento. Como cualquier otro suceso la planeación es base
fundamental del éxito y los detalles hacen la diferencia.
Entre ellos te recomiendo lo siguiente:

- Rutas para llegar al hospital
- Opciones para ir (auto propio, taxi)
- Quién te llevará en caso que no estés con tu
  esposo o pareja.
- Tener la maleta de tu ropa y del bebé ya en la
  puerta de la casa
- Folder con documentos en original y copia en la
  puerta de la casa junto con dinero.
- Dar teléfono del doctor y del hospital a tus
  facilitadores
- Cámara con tarjeta de memoria y batería llenas.
  No confíes en tomar las fotos con el teléfono.
- Recuerditos o cosas para tus visitas deben de
  estar listos y ya delegados para quién los llevará y
  organizará.

Determinando el momento de salir.

Si no tienes una fecha y hora bien determinada para el
nacimiento de tu bebé como es el caso de una inducción
de trabajo de parto o una cesárea, angustia mucho el
momento de determinar la salida de casa.

Por esto hay que estar muy atentos a la recomendación
tanto de tu médico como de tu instructora pre natal en

caso de contar con ella. Esto se logra con comunicación constante determinando cómo estabas en tu última revisión y como te encuentras en este momento. Si bien puedes llegar al hospital cuando quieras, es muy recomendable que ingreses en trabajo de parto activo, ya avanzado para que no se haga larga la espera.

Ya te comenté cuales son los signos de alarma y que es importantísimo que te comuniques cuanto antes con tu médico. Esto logra que estemos en sincronía y que podamos determinar el momento de salir al hospital. Usualmente se determina por los signos de alarma. No quieras calcular los tiempos puesto que son muy dinámicos, por lo que a la indicación de salir al hospital hazlo cuanto antes.

Tanto tú como tu pareja o acompañante deben de estar muy tranquilos, puesto que generalmente por la experiencia los médicos recomendamos la salida al hospital con tiempo y no será necesario salir con toda prisa y velocidad a menos que así lo indiquemos.

Cuando inicia el trabajo de parto y ya estamos en comunicación directa, lo que hago con mis pacientes es también recordarles o indicarles que metan las maletas al auto y que vayan avisando a familiares y facilitadores, sin no lo hace tu médico pregúntale directamente si ya subes cosas al coche y si ya empiezas a coordinar la salida.

VAMONOS AL HOSPITAL!

Este momento puede ser de gran intensidad pero también de gran angustia. En muchos libros, revistas y páginas de internet te dan los síntomas del trabajo de parto para que calcules los tiempos. Sin embargo esto puede ser difícil porque es subjetivo y con los nervios a veces no piensa uno claramente.

Por eso la recomendación es que llames a tu medico cuantas veces sea necesario. En mi caso usualmente nos llamamos entre mi paciente, su esposo y yo una 4 o 5 veces antes de irnos al hospital. No es necesario que carguen con esa ansiedad, comunícate con tu medico o con tu instructora prenatal.

Tómense unos minutos primero que nada para revisar sus listas y que todo esté listo y empacado y justamente antes de salir hagan una reflexión o meditación juntos porque cuando regresen nuevamente juntos a su casa su vida habrá cambiado mucho. Según sus creencias les recomiendo alguna oración juntos.

En el momento que te demos la indicación de ir al hospital, nosotros coordinamos todo. Hablamos a urgencias para que ya te esté esperando el médico de guardia y preparen sala de labor o quirófano. También coordinamos anestesiología y al pediatra por lo que sólo deberán enfocarse en llegar sanos y salvos al hospital.

Llegando al hospital

Este punto siempre se pasa por alto en las preguntas y usualmente es el que pone más nervioso a papá o al acompañante.

Vámonos al hospital!

De hecho si van programados a cesárea no hay situación
que debiera angustiarlos porque siempre les
recomendaremos que estén en el hospital de 2 a 3 horas
antes de la operación o a veces según si el hospital lo
permite desde la noche anterior.

Cuando es llamada nocturna o a media tarde y se trata de
salir al hospital por un trabajo de parto, en la mayoría de
los casos y digo mayoría como en el 99.99% de los casos
da muy buen tiempo de llegar, por lo que ni hay que ir
corriendo ni preocupado. Para eso hay que seguir el plan
y logística que te recomendé en la semana 36.

Llegando al hospital si van acompañados es mejor que te
dejen en la entrada de urgencias para que tú y tu
acompañante se vayan registrando. El trámite dura
alrededor de 30 minutos, a menos que estés con mucho
dolor o alguna otra situación de emergencia que
ameritará que entres directo a urgencias mientras alguien
da tus datos en recepción.

Si solamente son tú y tu pareja y no tienes mucho dolor,
estacionen el coche con tranquilidad o déjenlo con el
valet parking. Revisen que nada se quede en el auto y
ármense de paciencia.

El trámite empieza por pedirles todos sus datos y aunque
traigan documentos del seguro usualmente les pedirán
alguna tarjeta o depósito. No se peleen, si no es necesario
se los devolverán antes de su egreso.

Vayan también preparados a separarse por un momento,
porque pasarán a mamá primero a revisión en lo que les
asignan habitación o sala de labor y el o la acompañante
pasará por otras puertas para encontrarse después. Si
algo se olvidó o hace falta no se angustien, para eso está

Vámonos al hospital!

el teléfono y cualquiera de tus facilitadores te podrá
auxiliar.

Una vez que pasen los trámites pasarán a la unidad toco
quirúrgica que es el área donde nacen los bebés. Primero
te hablaré del trabajo de parto y después de cesárea
tanto de urgencia como programada.

- Sala de labor:
  Aquí es donde llevarás tu trabajo de parto.
  Seguramente algo habrás oído de tu médico, tu
  instructora, internet o tus amigas. Lo que si es
  cierto es que cada mamá tendrá una experiencia
  distinta. El secreto aquí es preguntarlo todo y no
  callarte nada, debes estar en estrecha
  comunicación con todo el equipo para que
  estemos todos pendientes de tus necesidades.
  Según tus necesidades podremos o no hacer
  cambios conforme se desarrolle el trabajo de
  parto.
  Recuerda que la atención es personalizada y si
  bien al ciertos lineamientos todo puede fluir de
  formas distintas. Lo importante es que tú y tu
  bebé estén bien y regresen bien a casa. Ten
  confianza en tu doctor e instructoras.

  La pregunta de la dilatación siempre angustia a
  mamá, pero te puedo adelantar que los rangos de
  normalidad son muy amplios. Usualmente una
  mamá primeriza puede dilatar un centímetro en 2
  o hasta 4 horas y una mamá que ya tuvo un parto
  puede hacer lo mismo o dilatar 2 o hasta 4
  centímetros por hora. Por eso no te angusties
  pero pregunta todo. Que no te dé pena, los

ginecólogos sabemos tu interés y siempre te iremos actualizando todo.

El concepto de cuando nacerá el bebé se irá desarrollando pero en términos generales necesitaremos que el cuello de tu matriz esté completamente dilatado que es un aproximado de 10 cm. Haz la cuenta con lo que te dije arriba.

Después de tener esta dilatación completa empieza lo que se llama el periodo expulsivo que toma alrededor de una hora hasta que tu bebé nace.

Ten en mente que tu bebé y tú estarán vigilados por expertos durante todo esta aventura, a veces con monitores continuos, otras intermitentes, checando dilatación a veces frecuentemente o esporádicamente. Podrás escoger la posición que quieras adoptar durante todo el proceso y cuando menos en mis partos yo permito tomar agua, caminar y estar acompañada. Los nacimientos hay que asistirlos, o sea acompañarlos y si todo se ve bien usualmente lo único que necesitan son tiempo y paciencia.

Los cambios de planes se presentarán por dos condiciones principalmente, las maternas y las del bebé. Estas son muy variadas y si se llegan a presentar ten confianza en que el equipo médico las sabrá resolver.

Los cambios se harán según las necesidades, o sea si te sube o te baja la presión, si el bebé cambia su ritmo cardiaco, si no hay dilatación, si se atora al salir en el parto o muchísimas otras que se pueden presentar. No te angusties y sigue las instrucciones con confianza, fé y valentía y seguramente todo saldrá muy bien. Recuerda que estos cambios se pueden dar en segundos y de ello dependerá la salud de tu bebé y la tuya. Si le tienes confianza a tu médico no te recomiendo que tengas alguna postura inflexible o retadora con él o ella. Todos queremos lo mejor para ti y tu bebé, lo malo es que no todos tenemos exactamente la misma forma de hacer las cosas y no se puede comparar un médico con otro ni querer obligar que un médico actúe igual que otro. Tengan en mente que los obstetras queremos siempre entregar buenas cuentas y esas buenas cuentas son un bebé sano en casa con una mamá sana y feliz con é o ella.

En el evento de algún incidente o complicación los cambios van desde canalizar una vena, colocar anestesia epidural, hacer una episiotomía, aplicar unos fórceps o realizar una cesárea de urgencia.

Te recomiendo que desde antes platiques con tu doctor o doctora que opina de estos procedimientos de urgencia y si tiene experiencia. En manos expertas cualquiera de estos procedimientos será de bajo riesgo.

Todos los partos vaginales se hacen en una sala de expulsión y en varios hospitales se atienden en la misma sala de labor. Durante el trabajo de parto te iremos comentando donde nacerá tu

Vámonos al hospital!

bebé y también les explicaremos a tus
acompañantes que deben de hacer.

Una vez que nace tu bebé se lo entregamos al
pediatra para que lo revise y nosotros nos
quedamos atendiendo a mamá para ver la
placenta y revisar que no haya algún sangrado y
de ser necesario reparar alguna lesión que se
haya producido.

En estos nacimientos papá o tu acompañante
están contigo en todo momento.

- Quirófano:

Este nombre puede ser muy impactante y la verdad es un
espacio donde un equipo muy numeroso de profesionales
de la salud está listo para ayudarte. En el evento de
necesitar una cesárea de urgencia o programada pasarás
al quirófano y sobre la mesa de operaciones el
anestesiólogo te dirá como realizará su procedimiento.
Ellos son los únicos facultados para realizarlos por lo que
si nosotros como ginecólogos te habíamos dicho algo
diferente respecto a la anestesia, discúlpanos y sigue las
recomendaciones del experto.

Después de la anestesia, se realiza un lavado de tu
abdomen y colocaremos campos estériles a lo que
después inicia la operación como tal. Usualmente tu
acompañante entra ya que empezamos la cesárea junto
con el pediatra que le indicará donde colocarse y que
conducta seguir.

Vámonos al hospital!

Una cesárea usualmente dura una hora pero puede ser más según el grado de complejidad o alguna eventualidad.

Papá o tu acompañante pasan del lado del pediatra y cuando tu bebé es llevado a sala de neonatos también sale para la colocación de los brazaletes de identificación. Una vez que sale de quirófano no podrá volver por lo que deberá ir directamente a la habitación y esperar la llamada del ginecólogo que todo ha salido bien. Este tiempo lo debe también usar para hacer llamadas a la familia y facilitadores y coordinar actividades.

- Sala de recuperación.

Siempre pasarás a sala de recuperación cuando menos dos horas después del nacimiento de tu bebé, ya sea parto o cesárea para vigilar tu presión y sangrado. Aún en los mejores hospitales, atendida por lo mejores médicos siempre hay un riesgo de hemorragia obstétrica y por eso deberás pasar a recuperación para vigilancia, también como comentario aparte esta es la razón por la que no recomendamos partos es casa. Tomen en cuenta estas dos horas para que tu familia no se desespere.

- Paso a habitación:

Una vez que pasas a tu cuarto y si todo está bien con tu bebé los dos podrán estar juntos en lo que se llama alojamiento conjunto. Si es tu primer bebé no te preocupes, las enfermeras te ayudarán mucho y en caso de cansancio o desesperación podrán llevarse a tu bebé al cunero por un tiempo en lo que descansas.

Vámonos al hospital!

Te darás cuenta que hay mucha gente en la habitación y aunque no veas a tu médico, siempre dejamos todas la indicaciones en el expediente, desde tu dieta, soluciones, medicamentos y estas indicaciones son supervisadas por los médicos de guardia que nos mantienen al tanto de cualquier cambio. Por esto no es necesario que si no te han traído la cena le llames a tu doctor, sin problema avísale a la enfermera, ella le avisa al médico de guardia y el a tu médico tratante.

Con respecto a tu bebé toma en cuenta que una vez que nace él o ella ya son otro paciente y como paciente tienen a su doctor y su propio expediente. Aunque seamos parte del equipo de salud los ginecólogos no podremos dar ninguna indicación del bebé. No te angusties si no ves tan seguido al pediatra, el va a ver a su paciente y si todo está bien no siempre pasa a avisar a los papás.

Con respecto a las visita médicas los ginecólogos pasamos 2 veces al día a revisar a nuestras pacientes, en ocasiones algún colaborador nuestro es el que pasa a hacer la revisión. Si todo se ve muy bien a veces sólo pasamos por la mañana pero si hay alguna complicación podemos llegar a pasar muchas veces en el día.

Tomen en cuenta que todos los médicos nos preparamos en hospitales y que cada hospital va a tener médicos en formación, por lo que no te molestes si ves médicos jóvenes interrogándote o revisándote. Están en formación y son siempre muy respetuosos. Si no te es muy molesto apóyalos. Sin embargo puedes solicitar que no te visiten.

El pediatra acude igualmente a revisar al bebé una vez al día. En la primera revisión pasará a verte te dará indicaciones y su tarjeta. Consérvala bien. Los bebés que

Vámonos al hospital!

nacen sin problema son dados de alta en 24hrs aunque tú tengas que quedarte por más tiempo.

En caso de haber requerido anestesia el anestesiólogo pasará a verte una sola vez alrededor de las 24hrs después del nacimiento.

Tiempos de hospitalización

- Tras un parto sin complicaciones lo mínimo que deberás estar en vigilancia hospitalaria son 24hrs, pero se agregarán horas según incidentes específicos. Yo en lo personal recomiendo que estés en el hospital cuando menos 48hrs.
- En el caso de cesárea lo mínimo son 48hrs pero recomiendo 72 hrs de estancia intrahospitalaria.

Es importante que desde el primer día preguntes a tu doctor cual es la fecha estimada de salida para que prepares a tus facilitadores en tu casa y además que saldes las cuentas de tu atención.

Pago de Honorarios Médicos y Hospitalarios

Considera que los médicos y el hospital no somos lo mismo y que el pago es completamente diferente. Por muchos años los médicos dejábamos un recibo en caja de médicos y el hospital cobraba todo junto. Actualmente es una opción que cada vez menos médicos aceptamos porque tras el cobro de nuestros honorarios el hospital nos quita una comisión de hasta 10% y se tarda en darnos el dinero hasta 1 mes.

Vámonos al hospital!

Es mejor que un día antes del egreso los honorarios ya estén liquidados. Los del ginecólogo y ayudante los puede pagar en efectivo durante una de sus visitas o hacer un depósito y darle la ficha correspondiente. Los pagos del pediatra y del anestesiólogo considéralos en la primera visita pues en ocasiones será la única que realicen. Pregunta bien la forma de pago y la forma de recibir tu recibo o factura.

La cuenta del hospital se paga hasta que ya te de tu medico de alta, pero cada 24hrs puedes pedir un estado de cuenta actualizado. Si utilizarás el apoyo de tu seguro médico desde el ingreso deberás notificarlo al área de recepción y directamente a tu seguro, si no lo haces así puedes retrasar tu salida del hospital hasta 4 o 6 horas.

Alta hospitalaria

Como te mencioné el alta de tu bebé y la tuya son distintas por lo que pregunta a tus médicos la fecha del alta.

Por lo mismo insisto en que los honorarios médicos queden cubiertos antes de tu egreso sobre todo porque en ocasiones pasamos visita hospitalaria en la noche y dejamos el alta firmada para primera hora de la mañana siguiente. Es mejor ponerse de acuerdo con tiempo para no dar pie a experiencias desagradables.

Casi siempre dejamos en el expediente recetas por medicamentos y recomendaciones para la casa, sin embargo pregunta siempre a tu doctor si te va a dar recetas, cuales son las recomendaciones y cuidados en

Vámonos al hospital!

casa de las heridas y las mamas y lo más importante,
cuando es tu cita a revisión en el consultorio.

En el momento que tu ginecólogo firmó el alta
hospitalaria, la cuenta del hospital se detiene y lo que
queda es preparar la salida. Usualmente tienen muchas
horas para prepararse. En ese momento deberás llamar a
caja de hospital y notificar que estás dada de alta, en
pocos minutos alguien irá a tu habitación para darle la
cuenta final. Una vez que esté todo pagado les darán un
pase de salida y todo listo para ir a casa.

Lo más seguro es que la noche anterior a tu alta pasen las
enfermeras del cunero para darte una clase de lactancia y
de baño de bebé. Es importante que acudas acompañada
de preferencia por papá porque es una experiencia
fantástica.

Ya en tu habitación pregúntales a las enfermeras como
deberás vendarte y vigila que tu pareja o acompañante
también preste atención.

Vámonos al hospital!

A CASA!

Ya deberás estar coordinada con tus facilitadores. Tu equipo debe estar dividido en los que te ayudarán a la salida del hospital y quienes ya te esperen en casa.

La sillita del bebé debe estar perfectamente colocada y sin excepción coloca a tu bebé en ella aunque le quede enorme. No lo lleves en brazos en el auto. Tanto la sillita como tú deben ir en el asiento trasero.

Te puede dar una mezcla de alegría y nostalgia abandonar el hospital y aunque tengas a tu bebé es normal que extrañes tu pancita de embarazo.

Por lo general la siguiente visita con el ginecólogo en una semana, igualmente con e pediatra. De cualquier manera deberás seguir en contacto directo con tu doctor.

Las visitas son por lo general después del nacimiento una semana, un mes y tres meses.

Tan pronto le des la bienvenida e tu pequeñito en casa recaba información pues todo ayuda y no tomes a mal los comentarios de medio mundo que va a querer darte consejos.

No te descorazones si algunas cosas que preparaste no salieron como lo esperabas porque a partir de ahora todo será prueba y error. Es parte de la aventura que todos los que tenemos hijos vivimos y por más instrucciones que quiera uno recabar cada quien lo vivirá distinto.

Lo único que me queda decirte es felicidades y a nombre de tu ginecólogo o ginecóloga agradecerte la confianza depositada para vivir esta experiencia.

Vámonos al hospital!

Vámonos al hospital!

Comentarios finales

Este pequeño manual no pretende sustituir las opiniones ni de tus médicos ni de tu equipo de apoyo, sino es una guía de lo que como médicos a veces queremos decir pero no podemos. Por mucho puede ser mejorado y por eso me encantaría que me enviaras tus comentarios de mejora al correo:

dr.cglm@yahoo.com

Visita, dale me gusta y sígueme en:

www.facebook.com/ginecologomexico

Contacto:

-Pasaje Interlomas 4, consultorio 203.

Colonia Magnocentro Interlomas,

Huixquilucan, Estados de México.

Teléfonos: 36050951 y 52451626

LISTAS BÁSICAS

Para Mamá

- Tu documento de identidad, tarjeta del seguro y todos los papeles del hospital que necesites.
- Tus lentes y lentes de contacto.

- Artículos de aseo personal. como cepillo y pasta de dientes, cepillo de pelo, maquillaje, barra hidratante para labios y pasadores y cintas para el cabello.

- Una bata, un camisón , pantuflas y calcetines. Los hospitales ofrecen camisones, pero la mayoría te permitirá utilizar tu propia ropa, si lo prefieres. Elige algo suelto y cómodo, y que no te importe si se mancha. Un camisón con mangas cortas es ideal para que te puedan tomar la presión arterial fácilmente. También puedes llevar tus propias pantuflas y bata para caminar durante las primeras etapas del parto.
- Lo que te pueda ayudar a relajarte. música, algo para leer, aceites o lociones para masajes.

Vámonos al hospital!

Acompañante

- Una cámara de fotos y una video cámara, con pilas, cargador y tarjetas de memoria (NOTA: No todos los hospitales permiten filmar el nacimiento)
- Identificación
- Artículos de aseo.
- Una muda de ropa y zapatos cómodos.
- Algo para comer y leer.
- Dinero
- Letrero para la puerta del cuarto de hospital con nombre peso y talla.

Para después del parto

- Un camisón. que sirva para amamantar (que se abra por delante).
- teléfono celular y cargador.

Nota: Algunos hospitales no permiten el uso de teléfonos celulares en el área de maternidad ni en la sala de parto. Pregunta cuáles son las reglas al respecto con anticipación.

- Botanas ligeras. La comida del hospital puede ser muy pesada o de aspecto incómodo después del parto
- Un brassier para amamantar y almohadillas protectoras para los senos para absorber la leche y proteger tu ropa.
- Ropa interior de maternidad

Vámonos al hospital!

- Tus toallas higiénicas (Las del hospital a veces son muy gruesas e irritantes)
- Un libro sobre el cuidado del bebé
- Una libreta, diario y pluma para anotar dudas
- Una muda de ropa para volver a casa. Todavía te verás como de 5 o 6 meses de embarazo, así que lleva ropa suelta y un par de zapatos cómodos sin tacón

Lo básico para tu bebé

- Un asiento de bebé para el auto ya instalado. La mayoría traen un aditamento pequeñito, este es el necesario.
- Mamelucos de una pieza son abrigados y fáciles de poner.
- Pañaleros
- Gorrito
- Calcetincitos
- Cobijitas ligeras
- Cremita y corta uñas

No llevar

- Joyas
- Objetos de valor, cámaras costosas
- Pañales (te los dan en el hospital)
- Un extractor de leche o Tira leche (a menos que te lo pidan)

Dieta Básica

 La proporción ha de ser: 50-55% de hidratos de carbono, 25-30% de grasas y un 15% de proteínas.

Básicamente:

Alimentos ricos en proteínas – carne de ternera y pavo, pollo, pescado...– dos veces al día, como platos principales de comida y cena o también incluyendo pavo en el desayuno y la merienda, por ejemplo.

De las 14 comidas y cenas que tiene una semana, 5 deben ser de pescado y 3 de huevos, evitando los fritos.

2 platos de verduras o ensalada al día, pueden tomarse tanto como primer plato o como acompañamiento de un segundo.

Una vez al día, alimentos ricos en hidratos de carbono: arroz, pasta o patata.

2 rebanadas de pan, mejor si es integral con las comidas.

2-3 raciones de fruta al día, mejor entre las comidas y crudas, pues conservan mejor la fibra.

3 vasos de leche al día.

Legumbres una o dos veces por semana

Dulces de forma esporádica y aceite y azúcar de manera controlada.

Tratar de hacer 5 comida y no pasar más de 4 horas en ayuno

Tomar 35mililitros de agua por kilo de peso en el día.

Vámonos al hospital!

El contenido calórico es de 2000 calorías
aproximadamente

El peso deberá aumentar en todo el embarazo entre 9 y
12kilos o cercano al 15% del peso inicial.

Vámonos al hospital!

NOTAS

Vámonos al hospital!

NOTAS

Vámonos al hospital!

NOTAS

Vámonos al hospital!